¡Un budín!

Leticia Zeilert

James Baigrie/Photolibrary/Getty Images

Él tiene una 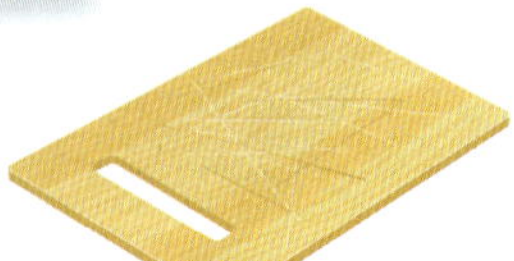 .

tabla

Pixtal/SuperStock

Tetra Images/Getty Images

Él tiene un  .

abrelatas

Brian Leatart/Photolibrary/Getty Images

Él tiene una  .

batidora

Media Bakery

Él tiene un  .

bol

Justin Sullivan/Getty Images News/Ge

Él tiene un  .

bote de basura

Corbis Premium RF/Alamy

Él tiene una  .

bandeja

¡Él tiene un  !

budín

James Baigrie/Photolibrary/Getty Images